AF357979

COMMISSION

DV ROY, A MESSIEVRS

les Commiſſaires Generaux deputez par ſa Majeſté pour la vente & reuente en heredité des Offices de Iaugeurs Meſureurs de Vaiſſeaux & Barriques à mettre Vins, Cidres, Bieres, Huiles, Verjus, Vinaigres, & autres Breuuages & Liqueurs, ſuiuant l'Edict du mois de Ianuier mil ſix cens vingt-neuf, verifié le ſeptiéme Mars audit an.

A PARIS,
Par ANTOINE ESTIENE, P. METTAYER
& C. PREVOST, Imprimeurs
ordinaires du Roy.

M. DC. XXIX.

Auec Priuilege de ſa Maieſté.

OVIS par la grace de Dieu Roy de France & de Nauarre , A nos amez & feaux les Sieurs de Cheury , Conseiller en nostre Conseil d'Estat , President en nostre Chambre des Comptes à Paris , Intendant & Controlleur General des Finances ; de Maupeou , Conseiller en nostredit Conseil , & President en nostre Cour des Aydes à Paris ; Foucault , Hebert , Lormier , Quatre-hommes , Gourreau , de Bragelonne , Conseillers en nostreditte Cour , & de Marle nostre Procureur General en icelle , Salut. Par nostre Edict du mois de Ianuier dernier verifié en nostreditte Cour , nous aurions attribué aux

Offices de Iaugeurs Mesureurs de
Vaisseaux & Barriques à mettre Vins,
Cidres, Bieres, Verjus, Vinaigres,
Huiles, & autres Breuuages & Liqueurs, quatre sols pour muid, mesu-
re de Paris; & les autres vaisseaux à l'é-
quipollent, pour auec le sol ja establi
par nos Edicts du mois de Feurier
mil cinq cens quatre-vingts seize, &
Nouembre mil six cens vn, faire en
tout cinq sols pour muid, & cinq sols
pour échantillon, outre les cinq sols
ja attribuez; Et estant besoin pour
l'execution dudit Edict de commet-
tre personnes de suffisance & capaci-
té requises; A CES CAVSES, &
pour l'entiere confiance que nous
auons de vos integritez, suffisance,
experience & affection au bien de
nostre seruice, nous vous auons commis & deputez, commettons & depu-
tons par ces presentes, auec pouuoir

de fubdeleguer pour, en noftre nom,
& en vertu dudit Edict proceder à
la vente, reuente & eftabliffement
en tiltre d'heredité de tous les Offices
de Iaugeurs Mefureurs de Vaiffeaux
& Barriques de toutes fortes de Breuuages & Liqueurs, aux droicts de cinq
fols pour chacun muid, mefure de
Paris, & des autres vaiffeaux à l'équi-
pollent, & de dix fols pour échantillon, en toutes les Villes, Bourgs, &
Villages & Paroiffes du reffort &
eftenduë de noftredite Cour des Aydes de Paris, par fimples encheres,
tiercemet & doublement d'icelles,
au plus offrant & dernier encherif-
feur; les folemnitez en tel cas requi-
fes, gardées, & obferuées : Pour en
joüir par les acquereurs, aufdits droits
exemptions & priuileges portez par
nofdits Edicts, Arrefts & Reglements
fur ce faits; Auec pouuoir aufdits ac-

quereurs d'exercer en perſonnes leſ-
dits Offices , ou par Procureurs ou
Fermiers qui ioüyront en leur lieu &
place deſdits droicts & priuileges y
attribuez;& eſtre les deniers qui pro-
uiendront deſdites ventes , enſemble
deux ſols pour liure que vous fe-
rez payer aux acquereurs outre le
prix principal , és mains de noſtre
amé & feal Conſeiller & Treſorier
de nos Parties Caſuelles & Deniers
extrordinaires, Mᶜ Edoüard de Li-
gny , ou ſes Commis , Porteurs de
ſes Quittances : ſur leſquelles leur ſeront par vous ou voſdits ſubdele-
guez, expediez les contracts de ventes & adiudications deſdits Offices;
ſans que les acquereurs d'iceux ſoient
tenus de payer aucun droict de marc
d'or, dont nous les auons déchargez
& diſpenſez , enſemble voſdits ſub-
deleguez , de faire enregiſtrer voſdi-

tes subdelegations, & les acquerreus
d'iceux Offices, leurs contracts d'adiudications au Bureau des Tresoriers
de France Generaux de nos Finances ; ausquels nous auons interdit
& defendu, interdisons & defendons
la cognoissance de l'execution dudit
Edict; Voulât aussi que les Contracts
de vente, establissement & adiudications qui seront faittes par vous, ou
deux de vous en l'absence des autres,
ou par vosdits subdeleguez , soient
de tel effect, force & vertu, que si el-
les auoient esté faites audit Conseil:
Lesquelles nous auons dés à present
validées & auctorisées , validons &
auctorisons par cesdites presentes,
Pour jouyr desdits Offices par lesdits
adiudicataires , & ceux ayants droit
& pouuoir d'eux , ensemble des exé-
ptions & priuilege , pleinemét ; non-
obstant oppositions ou appellations

quelconques, & fans preiudice d'icelles ; pour lefquelles ne fera differé: La cognoiffance defquelles nous auons retenuë & referuée à nous & à noftredit Confeil, & icelle interditte & defenduë, interdifons & defendons à toutes nos Cours & Iuges quelfcóques, fans que ceux qui font ja pourueus defdits Offices de Iaugeurs, puiffent eftre depoffedez qu'en les rembourfant actuellement & à vn feul payement, de la finance entrée en nos coffres, frais & loyaux coufts, fuiuant la liquidation qui fera par vous & vofdits fubdeleguez faite. Et afin que rien ne puiffe retarder l'execution dudit Edict, voulons qu'en attendant la vente defdits Offices ou rembourfement defdits anciés proprietaires, il foit par vous, fans delay, commis à l'exercice & leuée de laditte nouuelle attributió de quatre fols

pour

pour muid, où lefdits Offices font ja eftablis, & defdits cinq fols où n'y a encore aucun Officier pourueu; & ce de perſónes capables, qui en rendrõt bon & fidele compte où il appartiendra. Voulons que pour vos vacatiõs, les taxes en foient faites en noftredit Confeil; & que pour l'execution des prefentes, vous ayez prés de vous pour Greffier, Maiftre Pierre Robillard Greffier des Commiſſions extrordinaires; lequel nous auons à ce commis: Promettant en foy & parole de Roy auoir & tenir pour agreable, ferme & ftable tout ce qui fera par vous ou vofdits fubdeleguez fur ce fait en executiõ de noftredit Edict & defdites prefentes, circonftances & dependances, fans y eftre contreuenu en aucune forte & maniere que ce foit. DE ce faire vous donnons & à deux de vous en l'abfence des autres

B

& à vofdits fubdeleguez, pouuoir,
commiſſion & mandement ſpecial.
Mandons à tous nos Iuſticiers & ſub-
jets, qu'à vous & à vofdits ſubdele-
guez en ce faiſant ils obeiſſent, don-
nent confort & aide, en ce que par
vous ou eux ſeront requis : & à tous
Huiſſiers ou Sergens faire pour l'execution dudit Edict, des preſentes
& de vos Ordonnances pour ce re-
gard, tous exploits, ſaiſies, contrain-
tes & executions neceſſaires, ſans de-
mander aucun congé, placet, viſa ne
pareatis. Et dautant que de ceſdites
preſentes on pourra auoir affaire en
pluſieurs & diuers lieux, nous voulons qu'à la copie deuëment colla-
tionnée par l'vn de nos amez & feaux
Conſeillers & Secretaires, ou ſous
ſeel royal, foy ſoit adiouſtée &
execution s'en enſuiue comme au
preſent original. CAR tel eſt noſtre

plaifir, nonobſtant auſſi toutes Ordonnances, Mandemens & defenſes,
priſes à parties, & lettres à ce contrai-
res. Donné à Valence le trentiéme
iour de Mars, l'an de grace mil ſix cés
vingt-neuf, & de noſtre regne le dix-
neufiéme. Par le Roy en ſon Conſeil,
Signé, CORNVEL, & ſeellé du grand
ſeau de cire iaune. Et à coſté eſt écrit:

*Leües, publiées en la Salle du Conuent des
Auguſtins à Paris, lieu de l'Aſſemblée de Meſ-
ſieurs les Commiſſaires Generaux, de leur Or-
donnance; & regiſtrées au Greffe de ladite
Commiſſion generale, par moy Greffier en
icelle ſoubs-ſigné le vingt-vnième iour d'A-
uril mil ſix cens vingt-neuf.*
Signé,   ROBILLARD.

Collationné à l'original par moy Conſeiller Se-
cretaire du Roy & de ſes Finances.

9 782329 460949